knight
le chevalier

T0060589

broom
le balai

shark
le requin

cat
le chat

mermaid
la sirène

bear
l'ours

castle
le château

turtle
la tortue

books
les livres

angel
l'ange

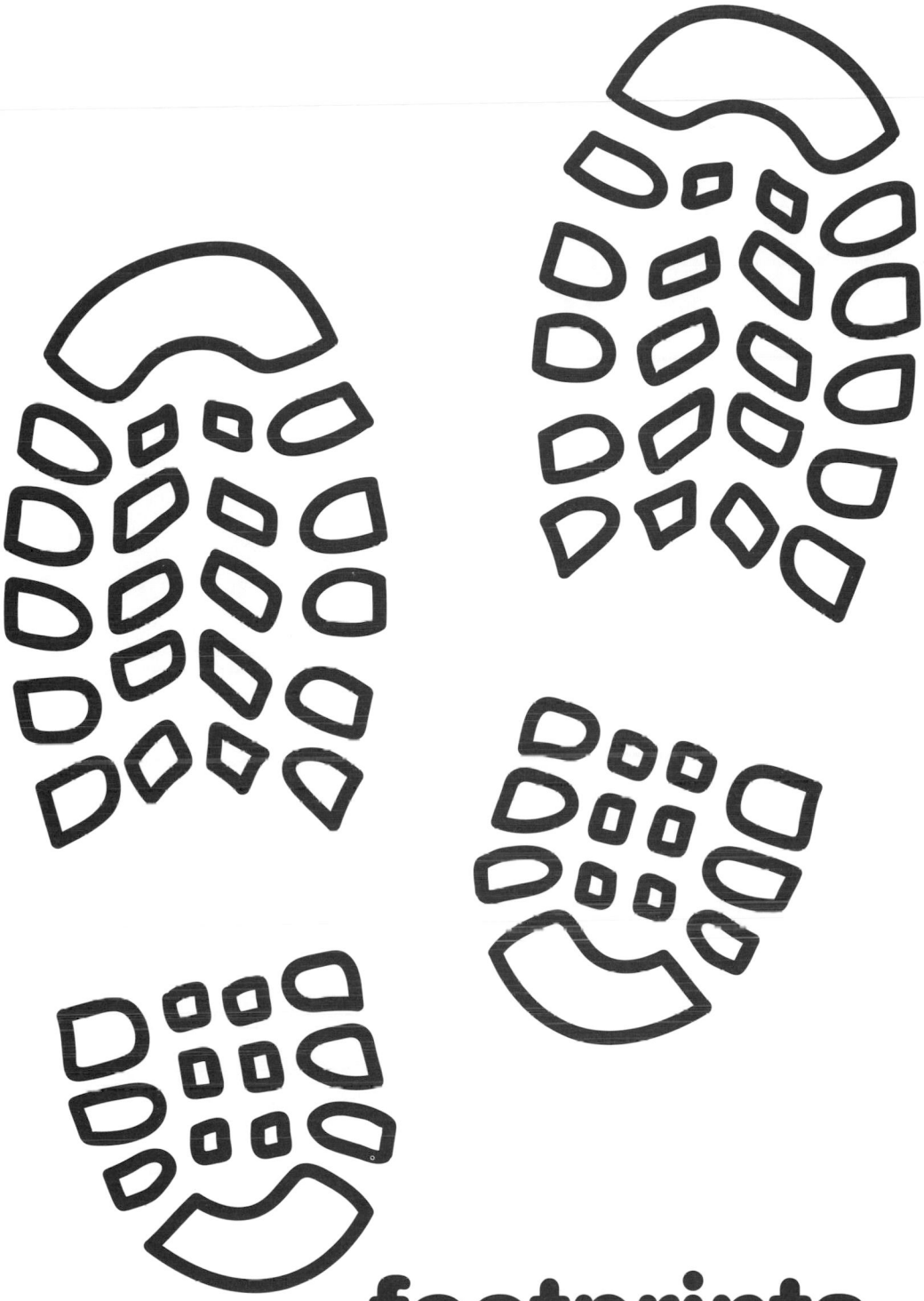

footprints
les traces de pas

girl
la fille

boy

le garçon

unicorn
la licorne

doll

la poupée

drum

le tambour

house
la maison

ice skates
les patins à glace

ice-skater
la patineuse

sweater

le pull-over

mailbox
la boîte à lettres

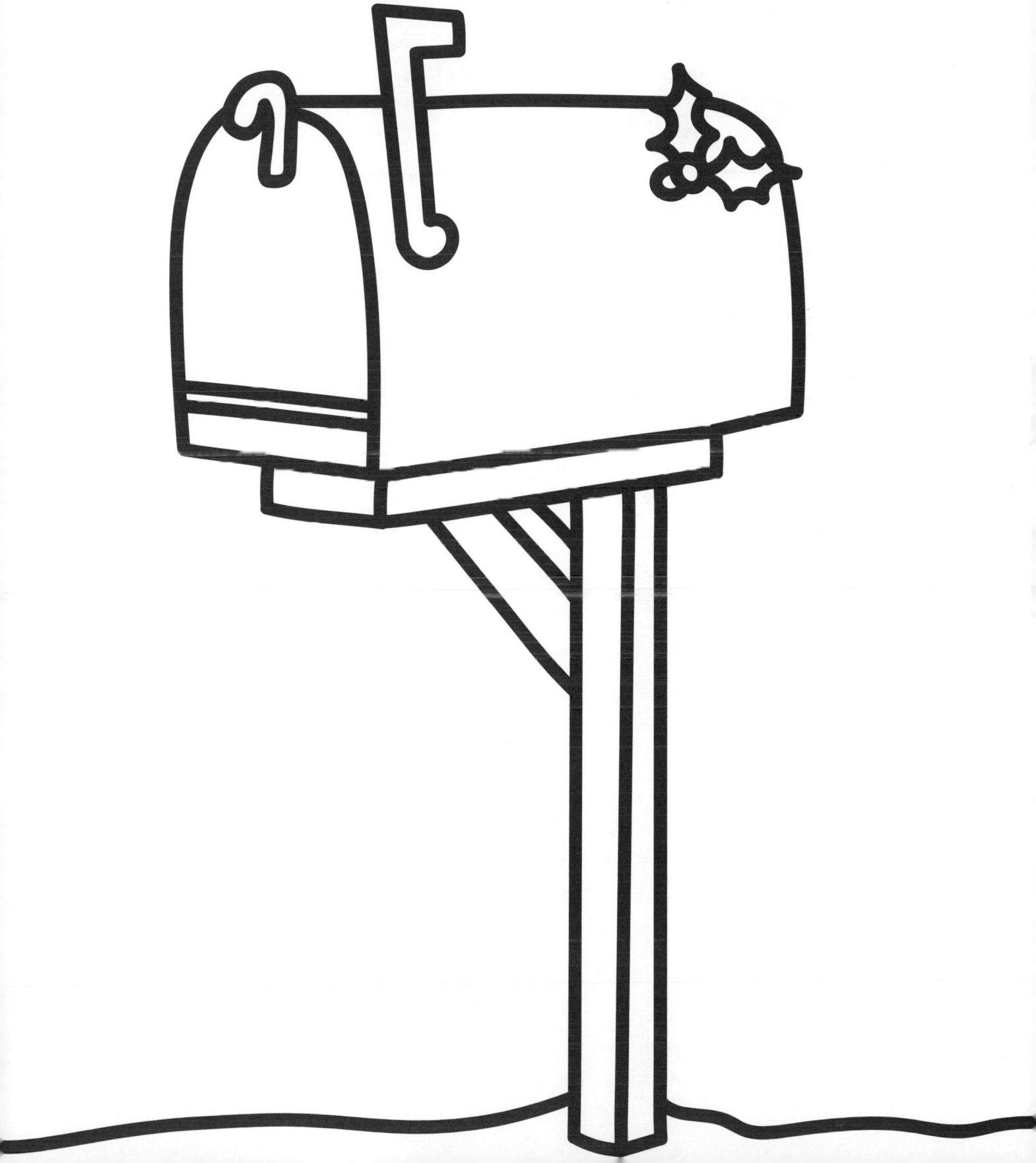

mittens
les moufles

nutcracker

Casse-noisette

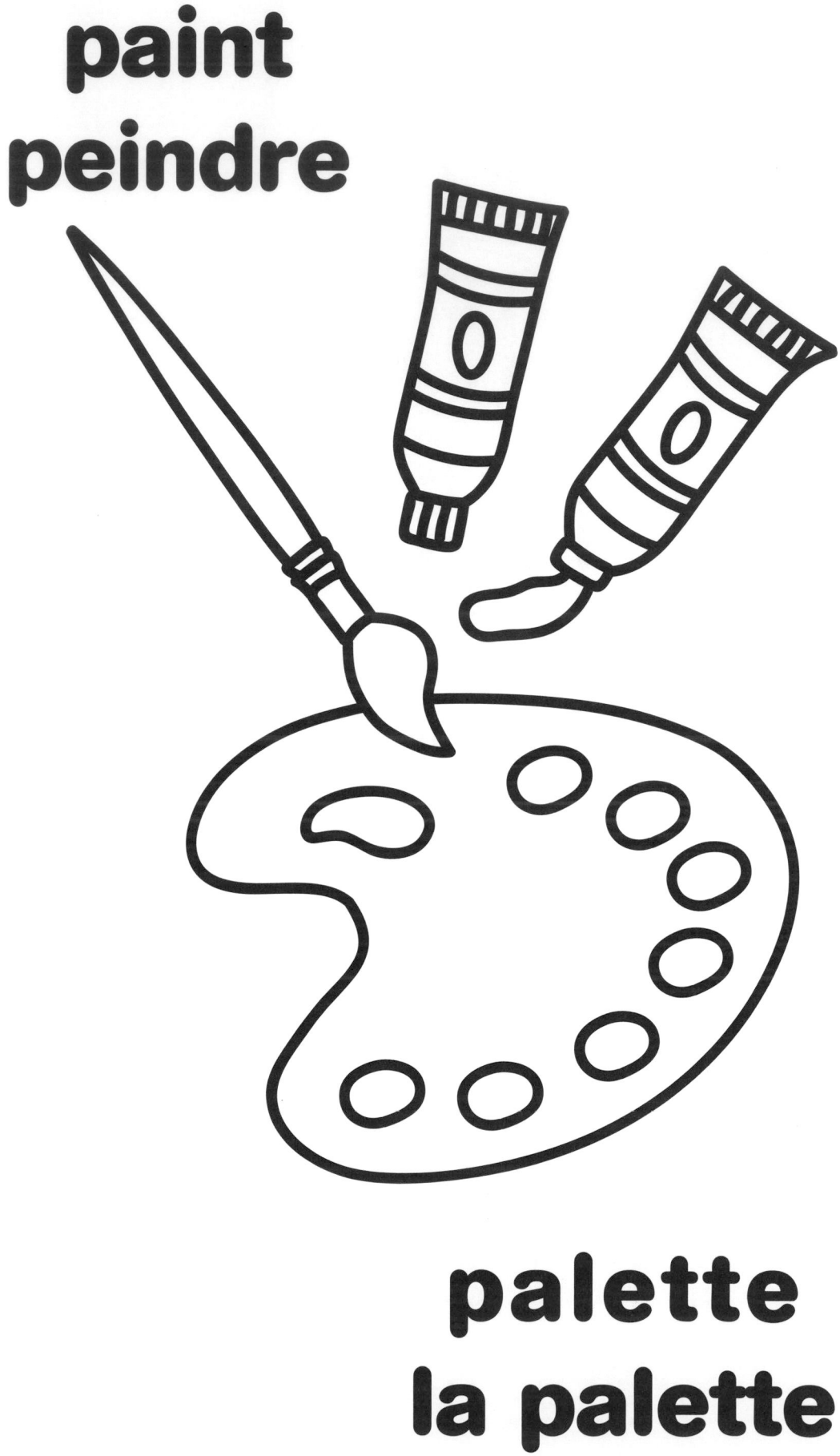
paint
peindre
palette
la palette

popcorn

le popcorn

gifts
les cadeaux

robot
le robot

ski
skier

skis
les skis

snowboard
faire du snowboard

snowflake
le flocon de neige

snowflakes
les flocons de neige

spinning top
la toupie

blocks
les cubes

train
le train

fossil

le fossile

eggs
les œufs

mushrooms
les champignons

palm tree
le palmier

volcano
le volcan

clock
l'horloge

cake
le gâteau

crowns
les couronnes

candy

le bonbon

cup
la tasse

cupcakes
les cupcakes

doughnut
le beignet

ice skate
le patin à glace

dress
la robe

ball gown

la robe de bal

gift
le cadeau

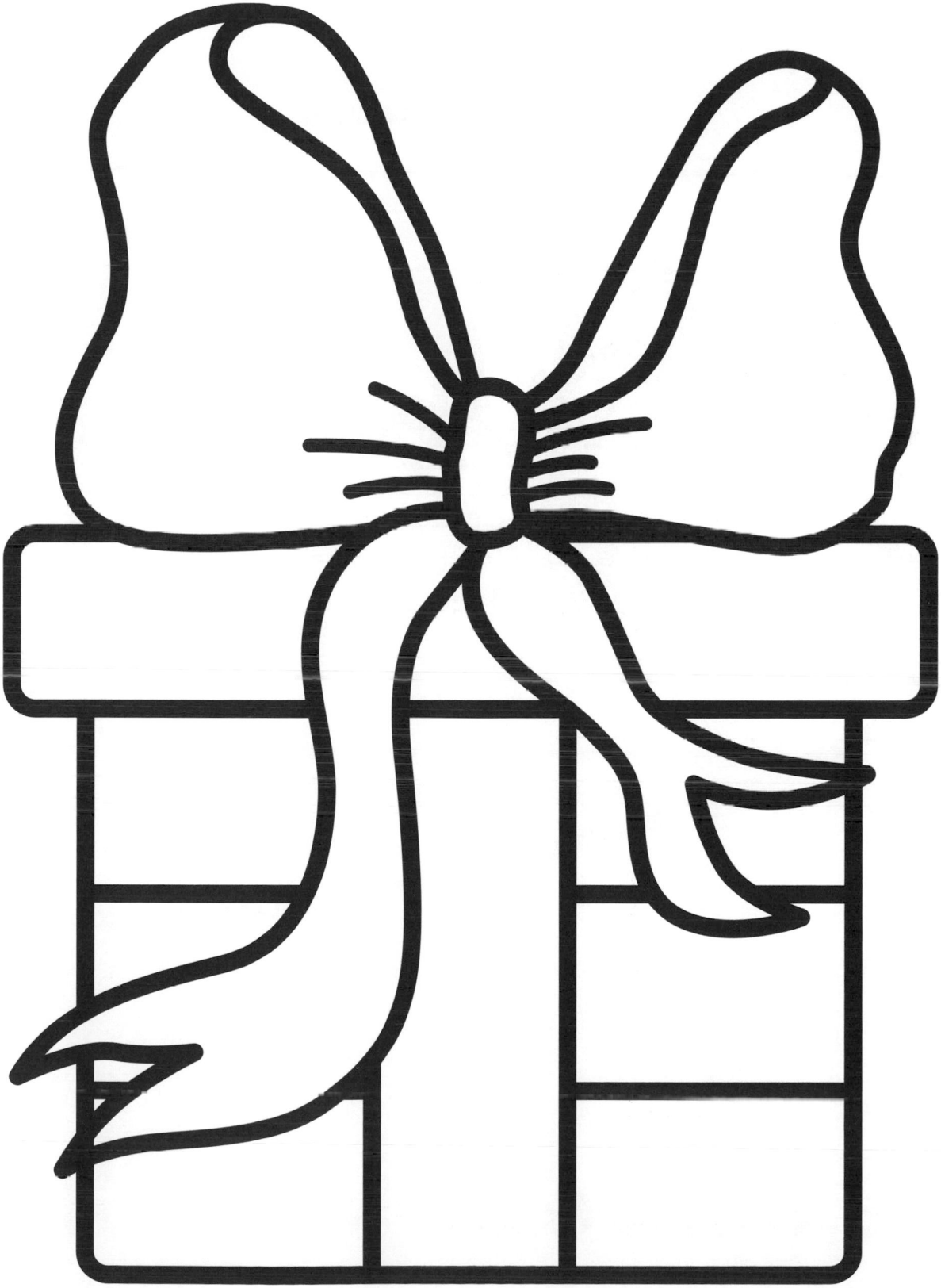

hat

le chapeau

hot dog
le hot dog

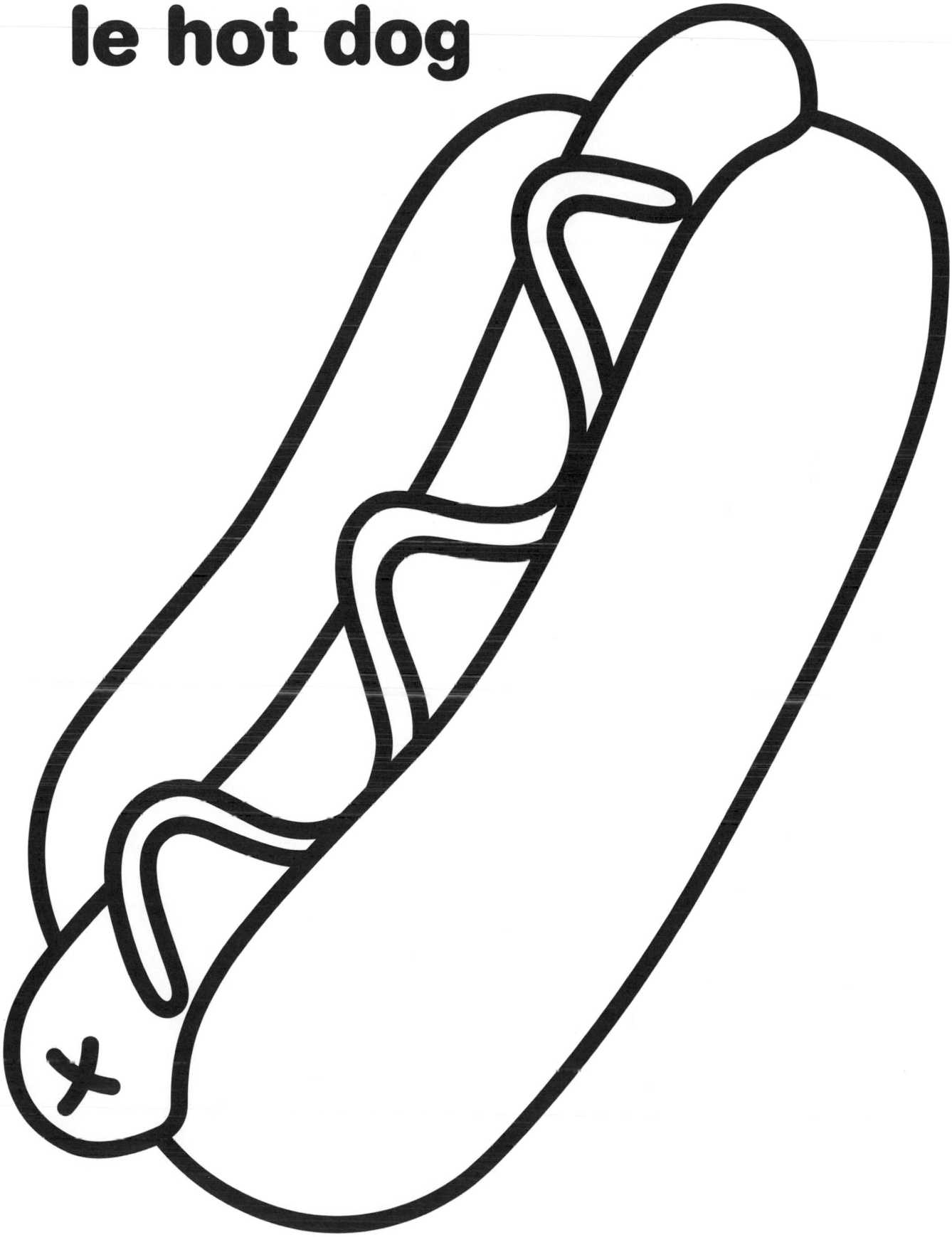

heart
le cœur

hearts

les cœurs

king
le roi

queen
la reine

knight
chevaleresse
chevalier

mirror
le miroir

necklace
le collier

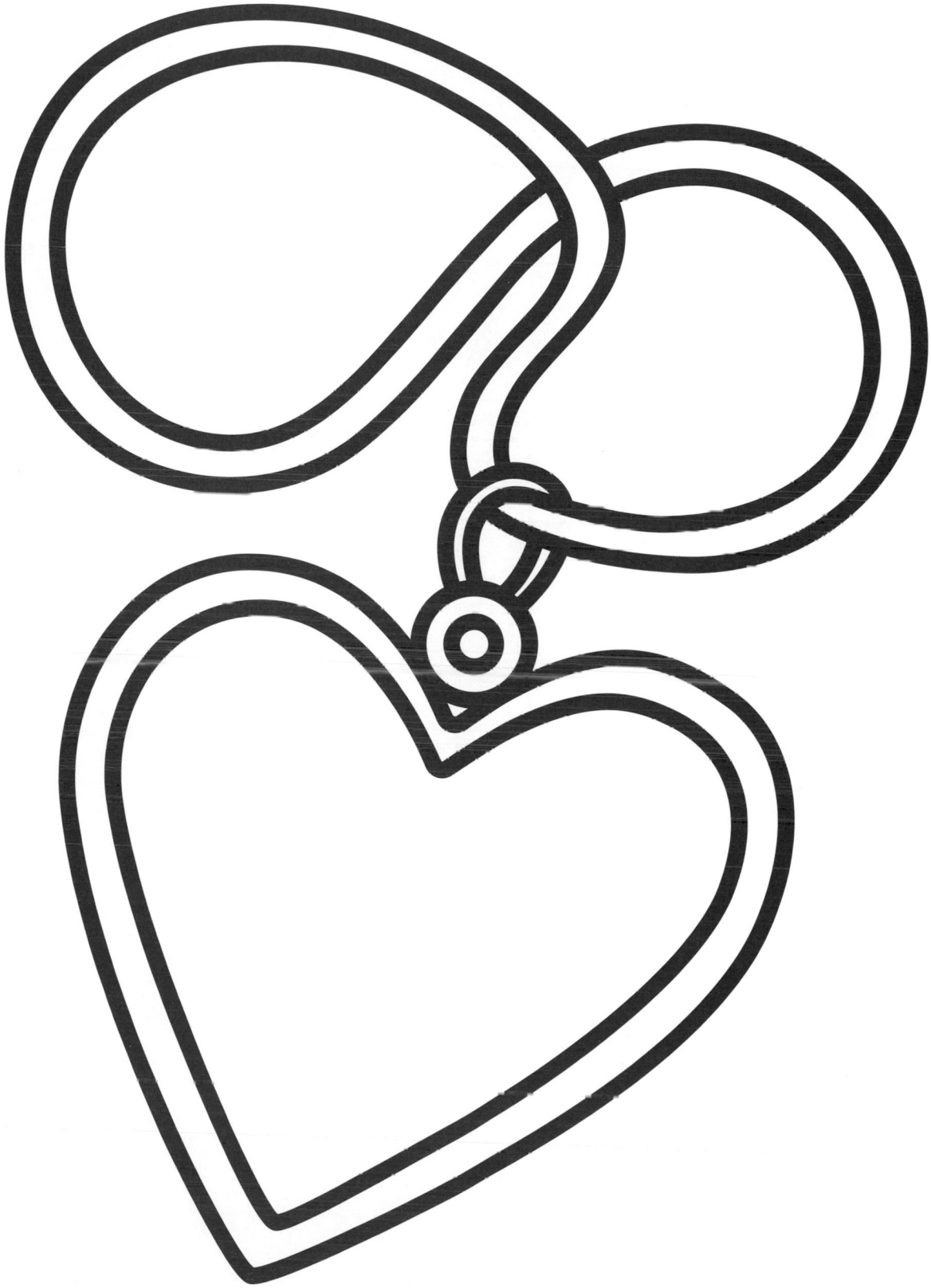

day
le jour

night
la nuit

perfumes
les parfums

clam

la palourde

pumpkin
la citrouille

ring
l'anneau

Earth

la Terre

tea
le thé

teapot
la théière

alien
l'extraterrestre

globe
le globe

monster
le monstre

monsters
les monstres

moon

la lune

planet
la planète

planets
les planètes

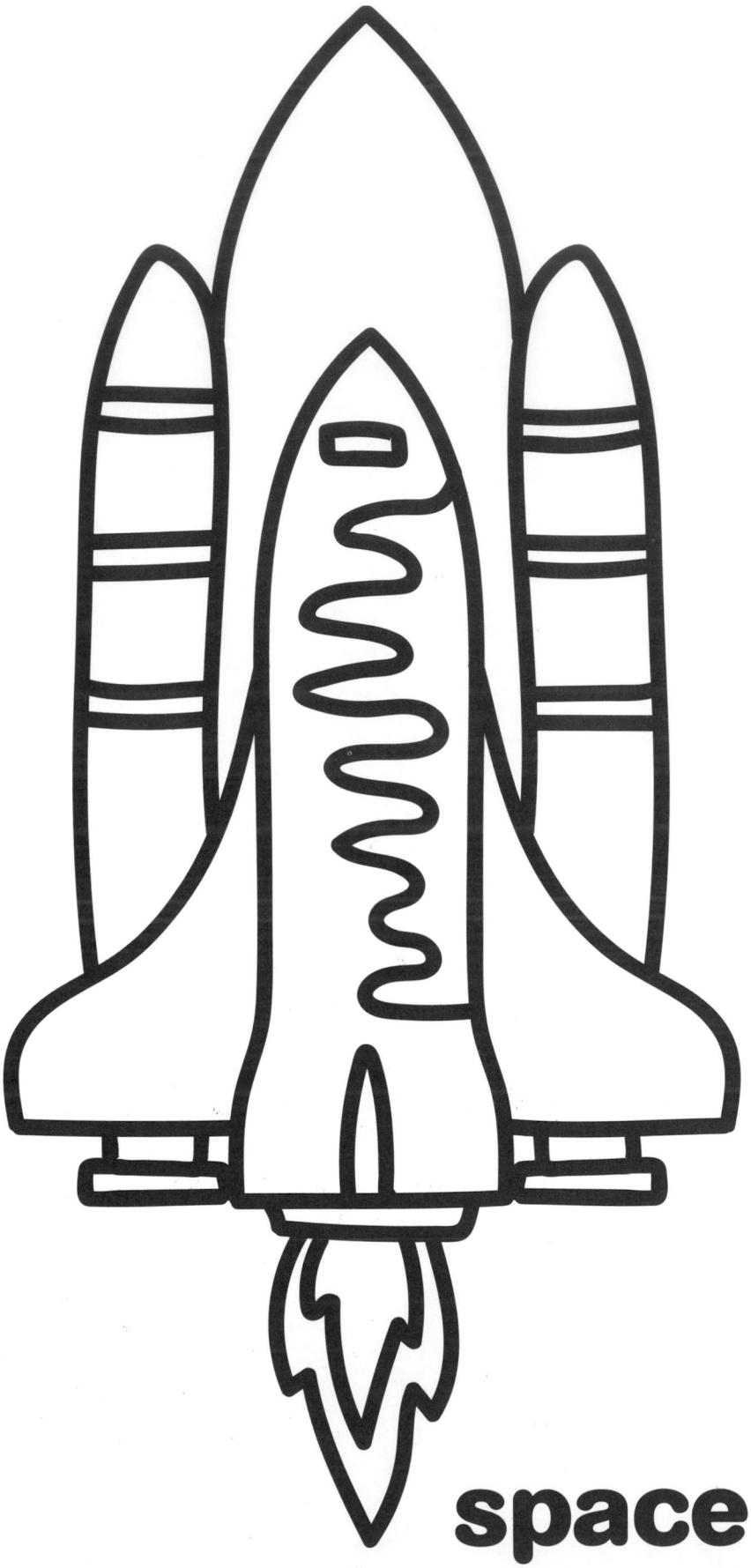

space shuttle

la navette spatiale

rocket ship
la fusée spatiale

rockets
les fusées

blast off
décoller

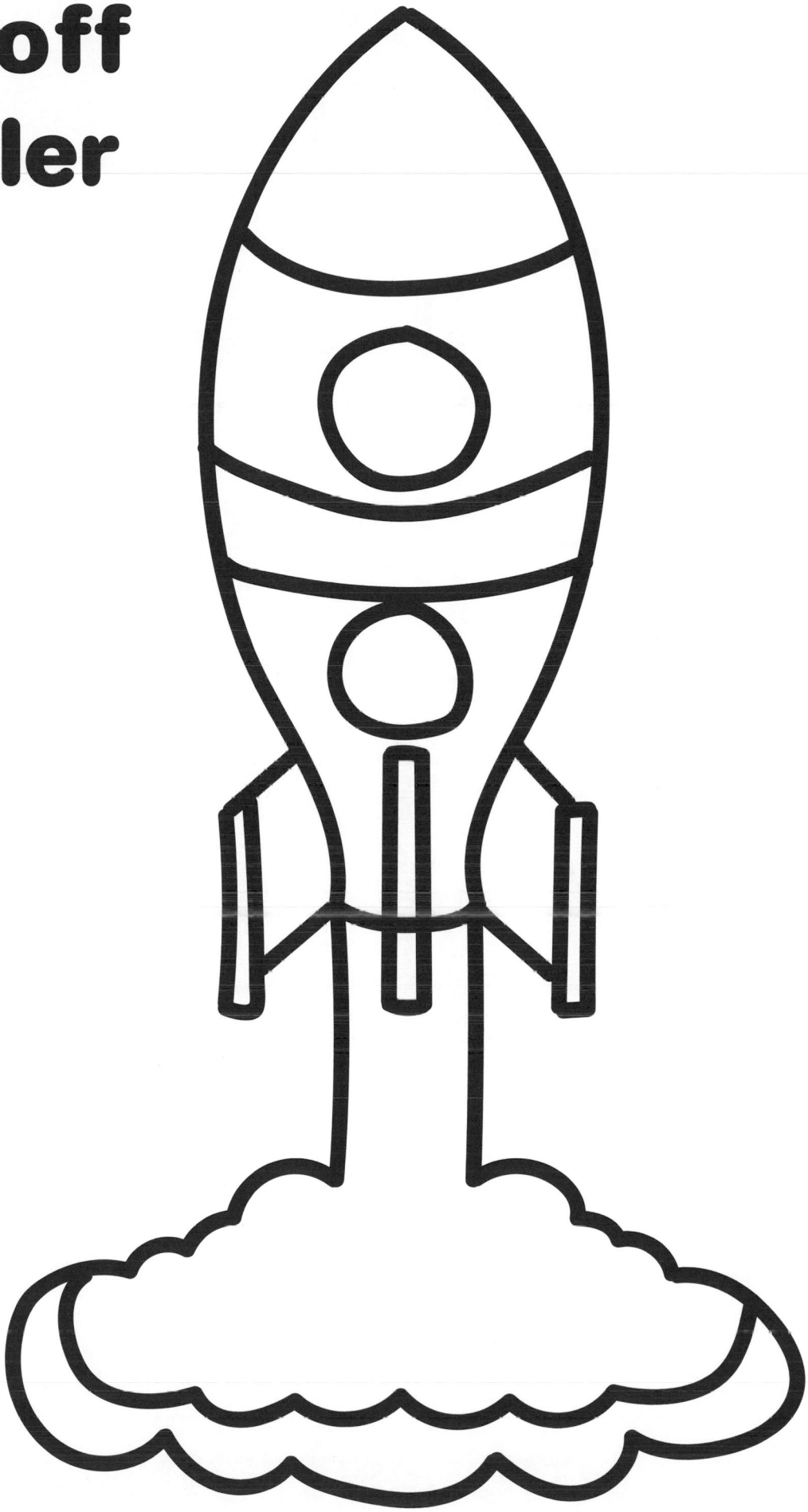

astronaut

une astronaute

astronaut
un astronaute

comet
la comète

rocket
la fusée

teacher

la professeure

le professeur

ambulance
l'ambulance

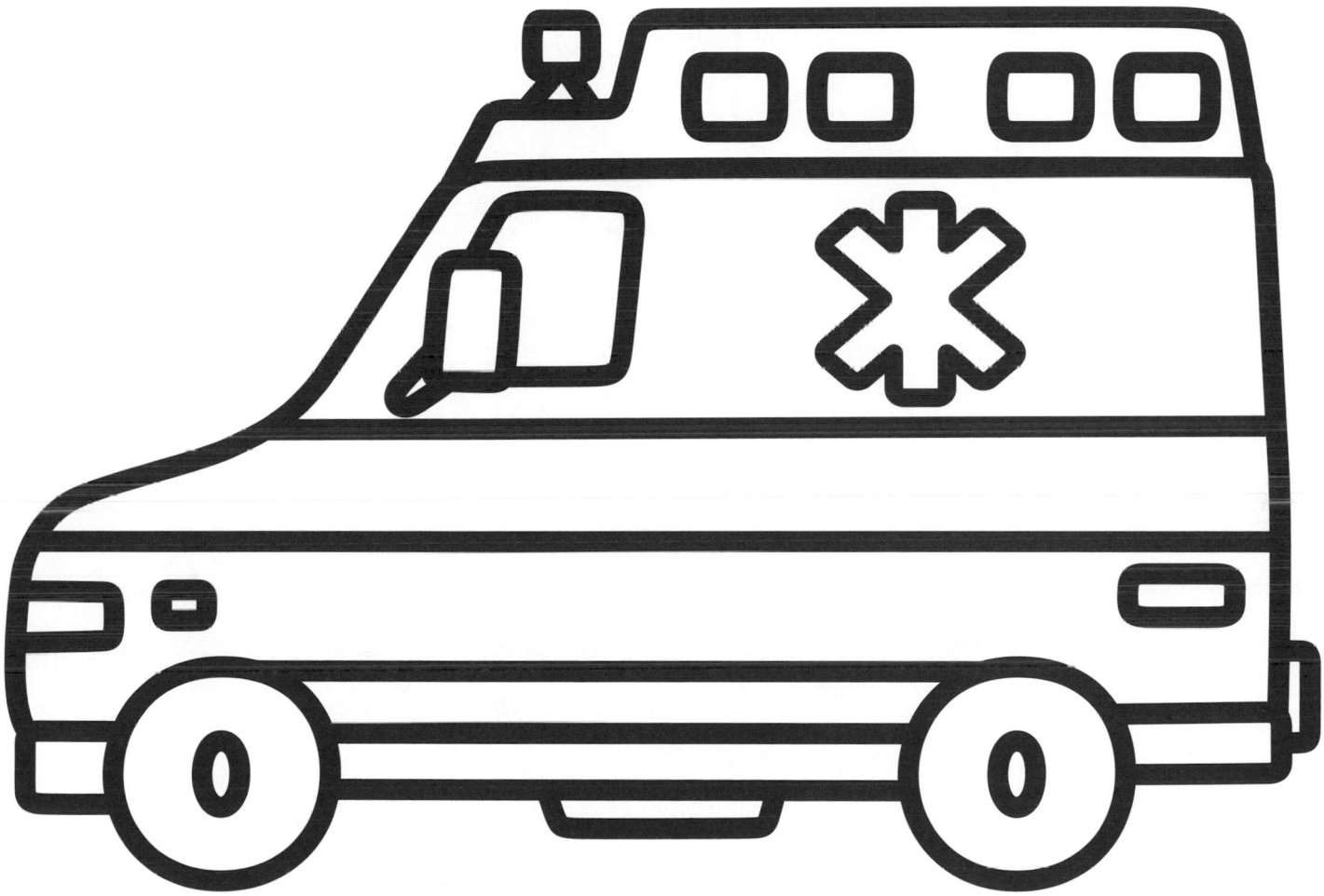

boot
la botte

bulldozer
le bulldozer

bus

le bus

traffic cone
le cône de signalisation

traffic cones
les cônes de signalisation

mechanic
le mécanicien
la mécanicienne

excavator

la pelleteuse

farmer
le fermier
la fermière

fire extinguisher
l'extincteur

fire hydrant
la bouche d'incendie

firefighter
le pompier

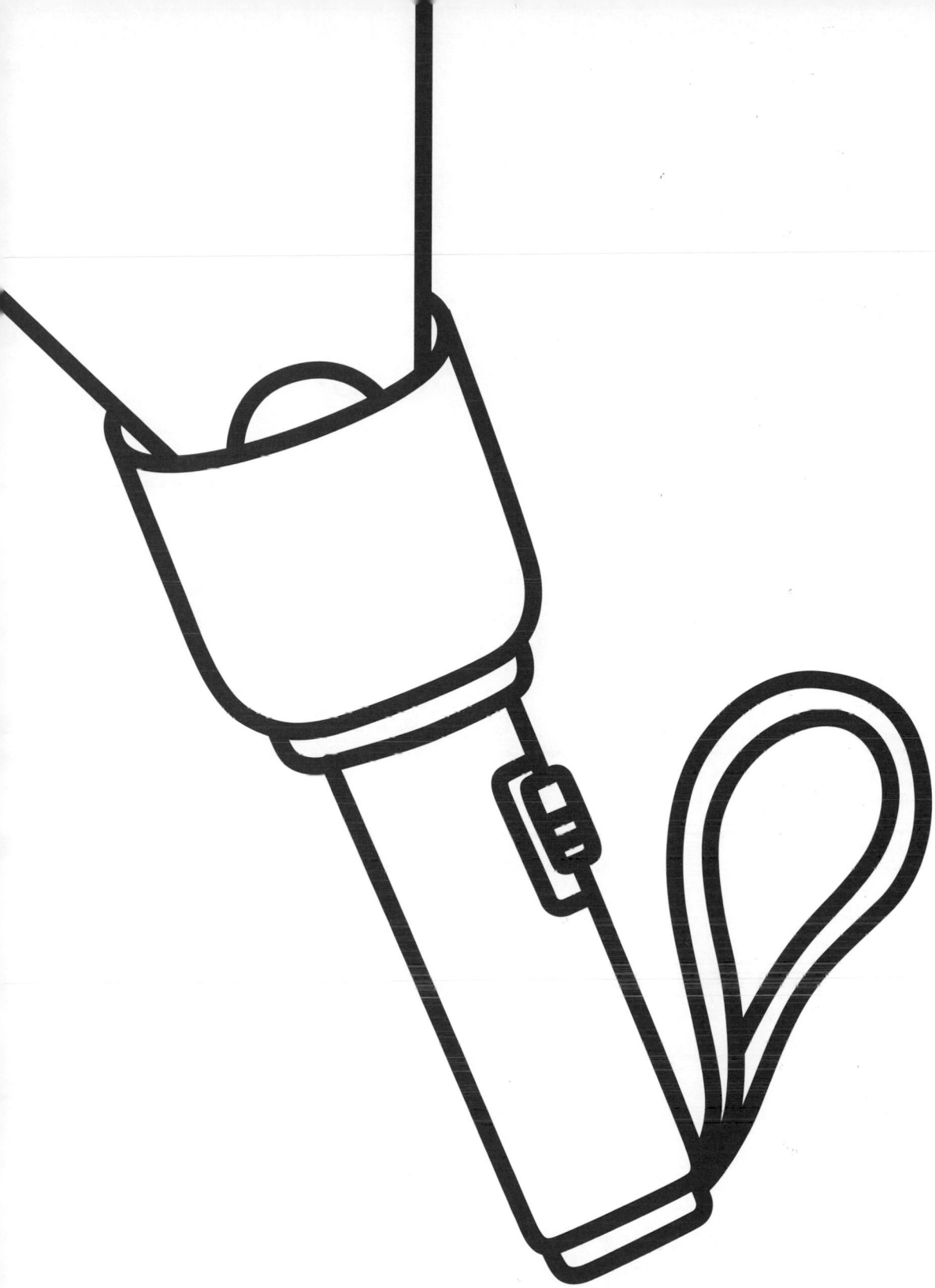

flashlight

la lampe de poche

hot dog truck
le camion à hot dog

garbage man

un éboueur

une éboueuse

garbage truck

le camion-poubelle

gas station
la station-service

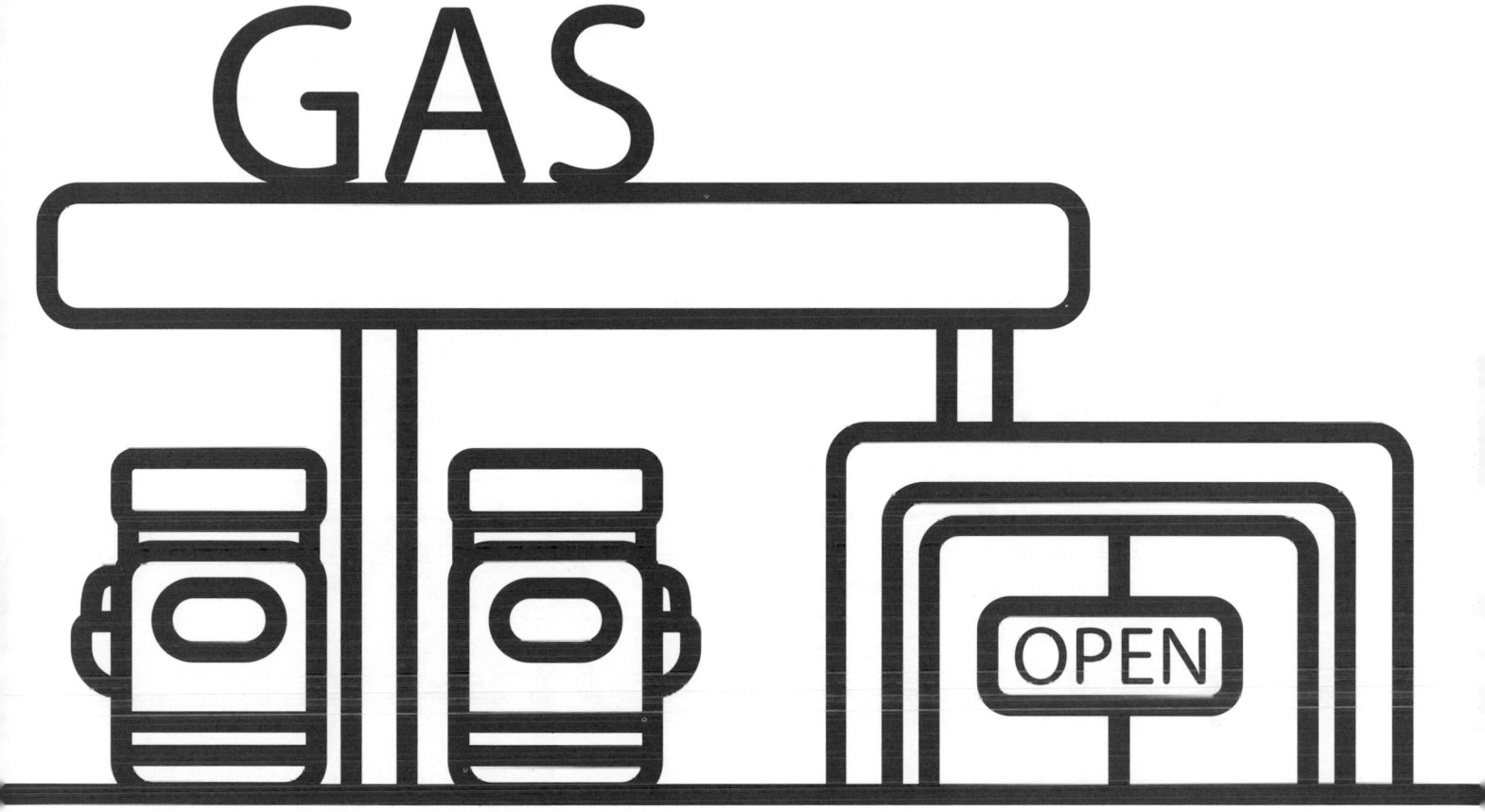

fuel
le carburant

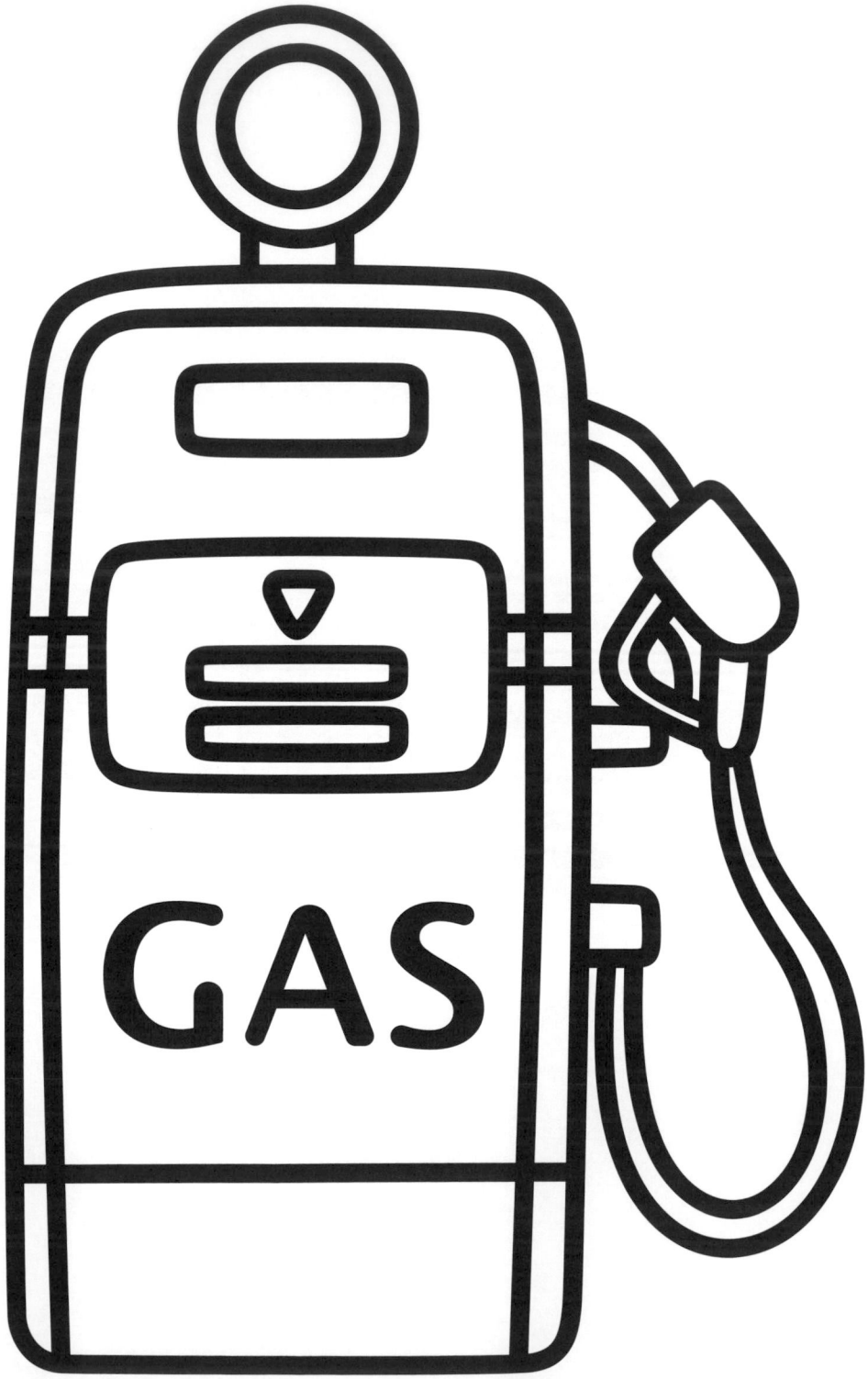

hard hat
le casque

ice-cream truck
le camion à glaces

key
la clé

keys
les clés

mailbox
la boîte aux lettres

mail truck

la camionnette de La Poste

map
la carte

passenger
le passager

passenger
la passagère

pizza
la pizza

school bus

le bus scolaire

snowplow
le chasse-neige

stop sign

le panneau stop

crayons
les crayons

taco truck

le camion à tacos

taco
le taco

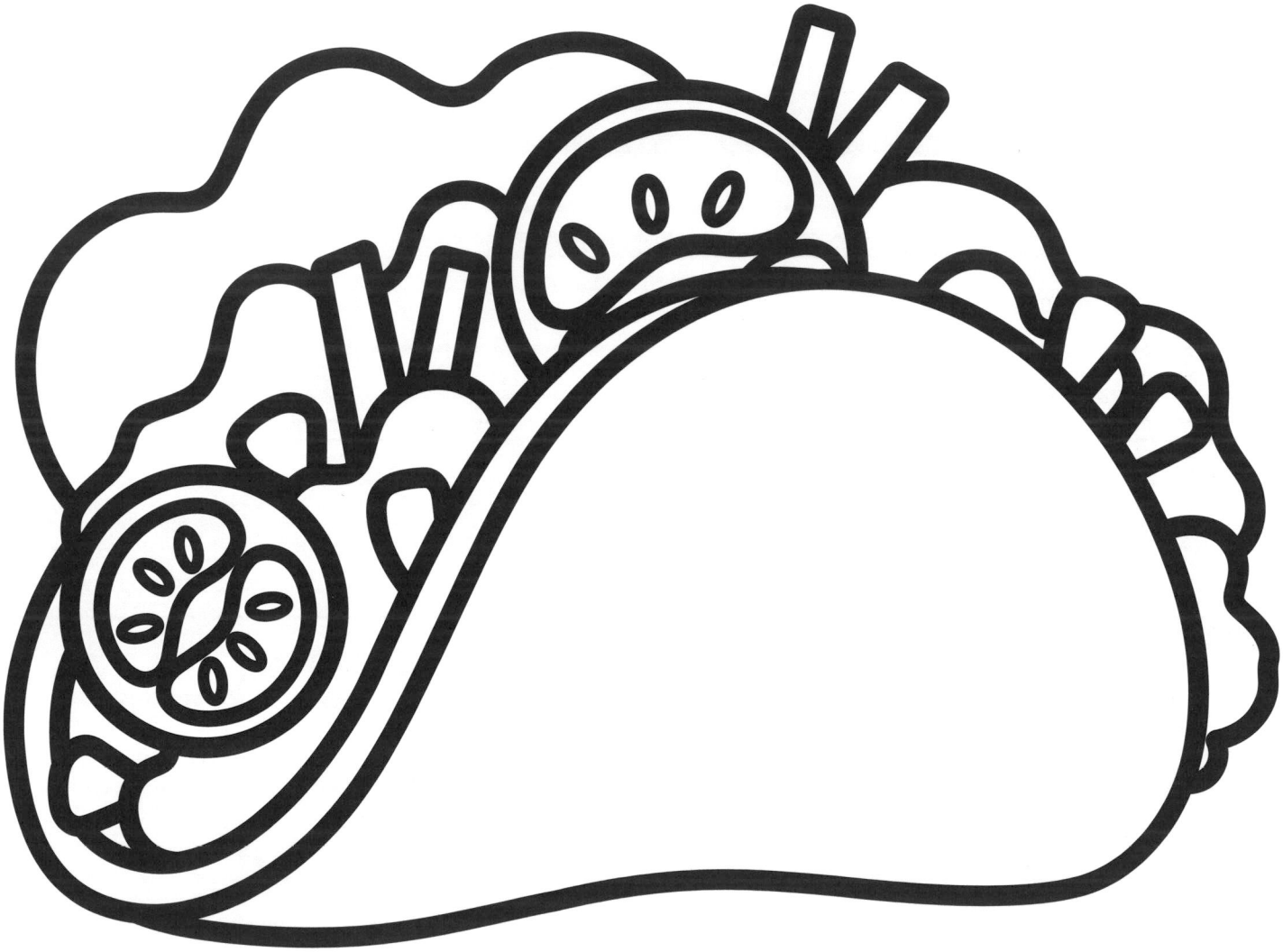

toolbox

la boîte à outils

tractor
le tracteur

traffic light
le feu tricolore

apple
la pomme

truck
le camion

trucks
les camions

vest
le gilet

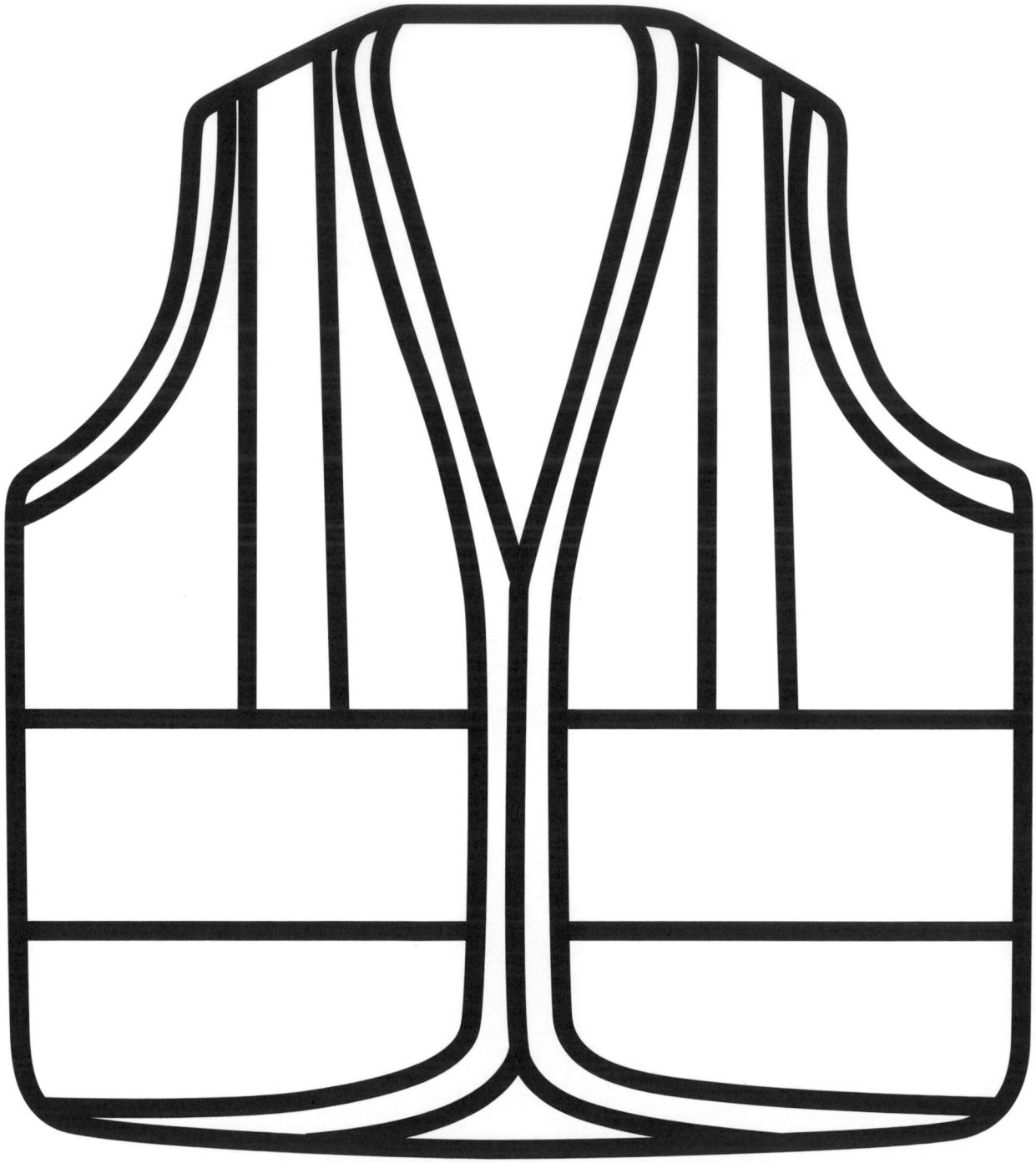

tires

les pneus

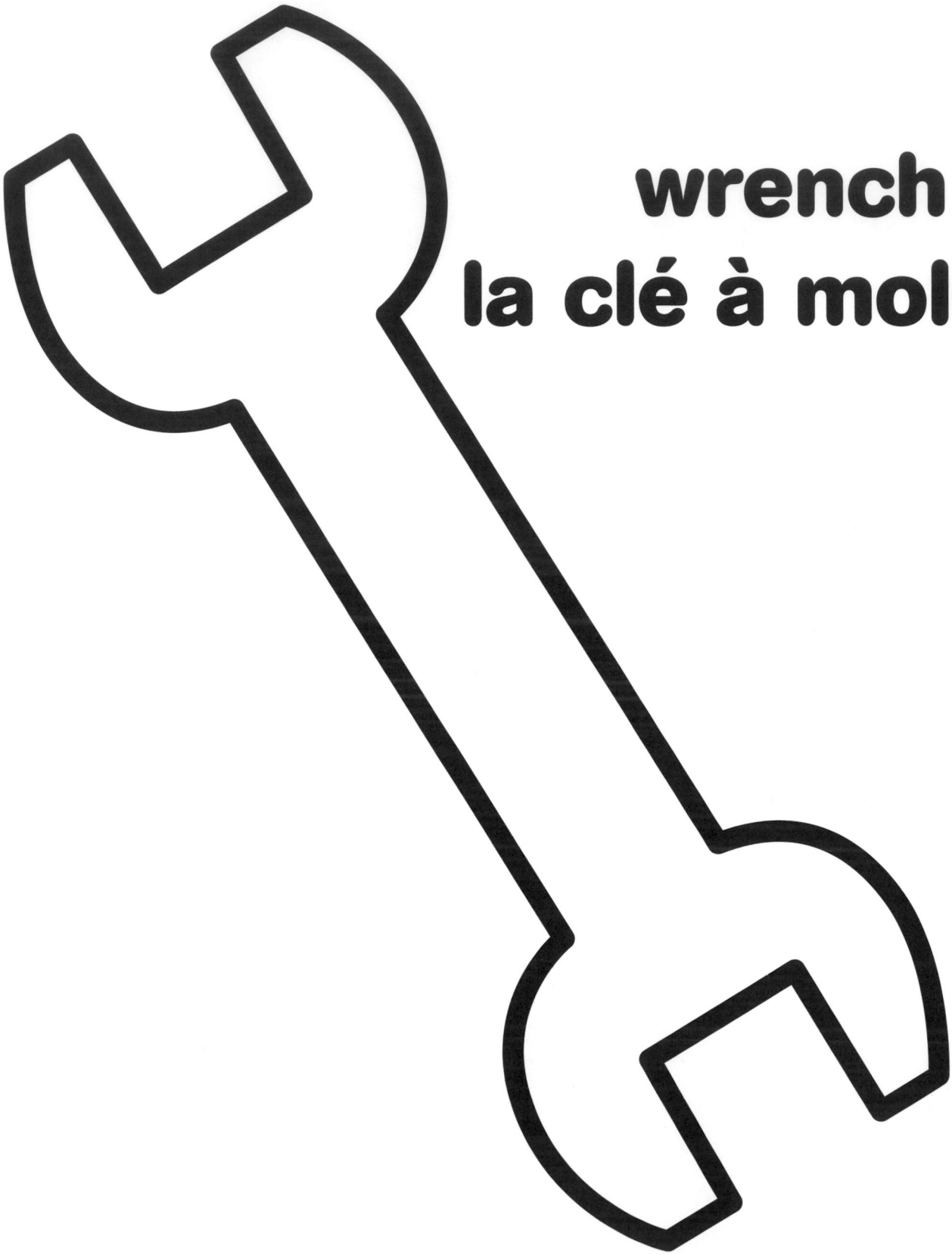

wrench
la clé à molette

apple tree
le pommier

balloons
les ballons

bed

le lit

bow
le nœud

butterfly
le papillon

cake
le gâteau

wizard
le magicien
la magicienne

dancer
la danseuse
le danseur

dessert
le dessert

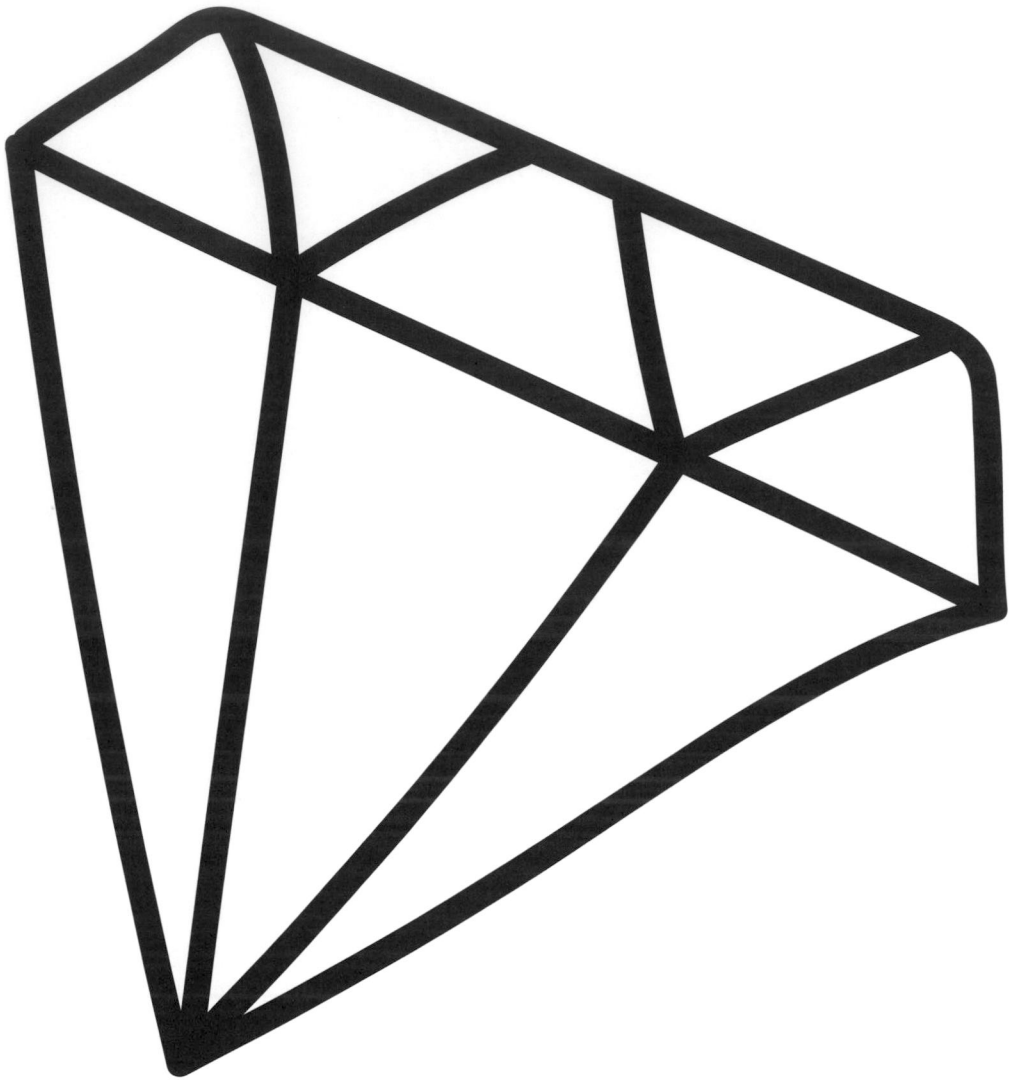

diamond
le diamant

doughnuts
les beignets

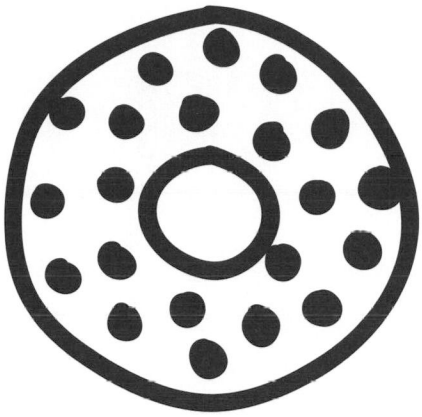

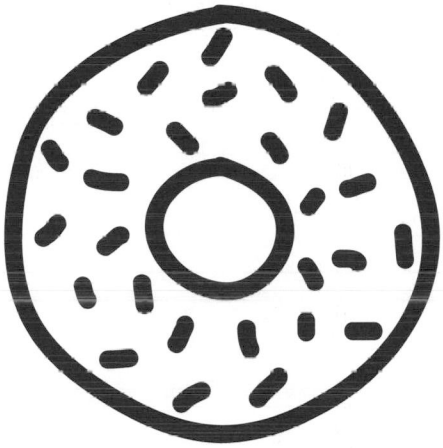

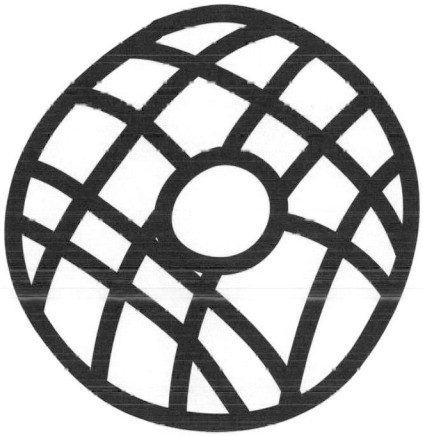

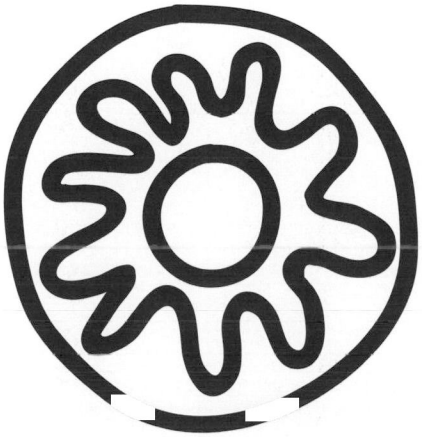

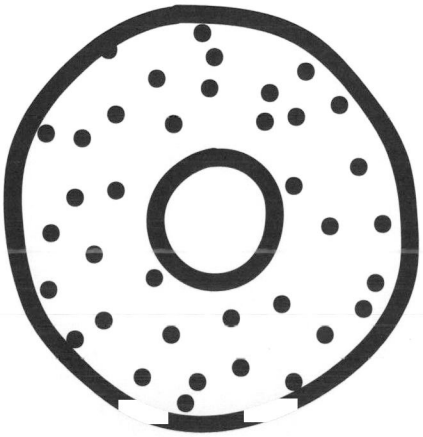

fairies

les fées

cupcake
les cupcakes

flower
la fleur

flowers
les fleurs

gnome
le gnome

foal
le poulain

horse
le cheval

hot chocolate

le chocolat chaud

ice cream
la crème glacée

kite
le cerf-volant

lollipop
la sucette

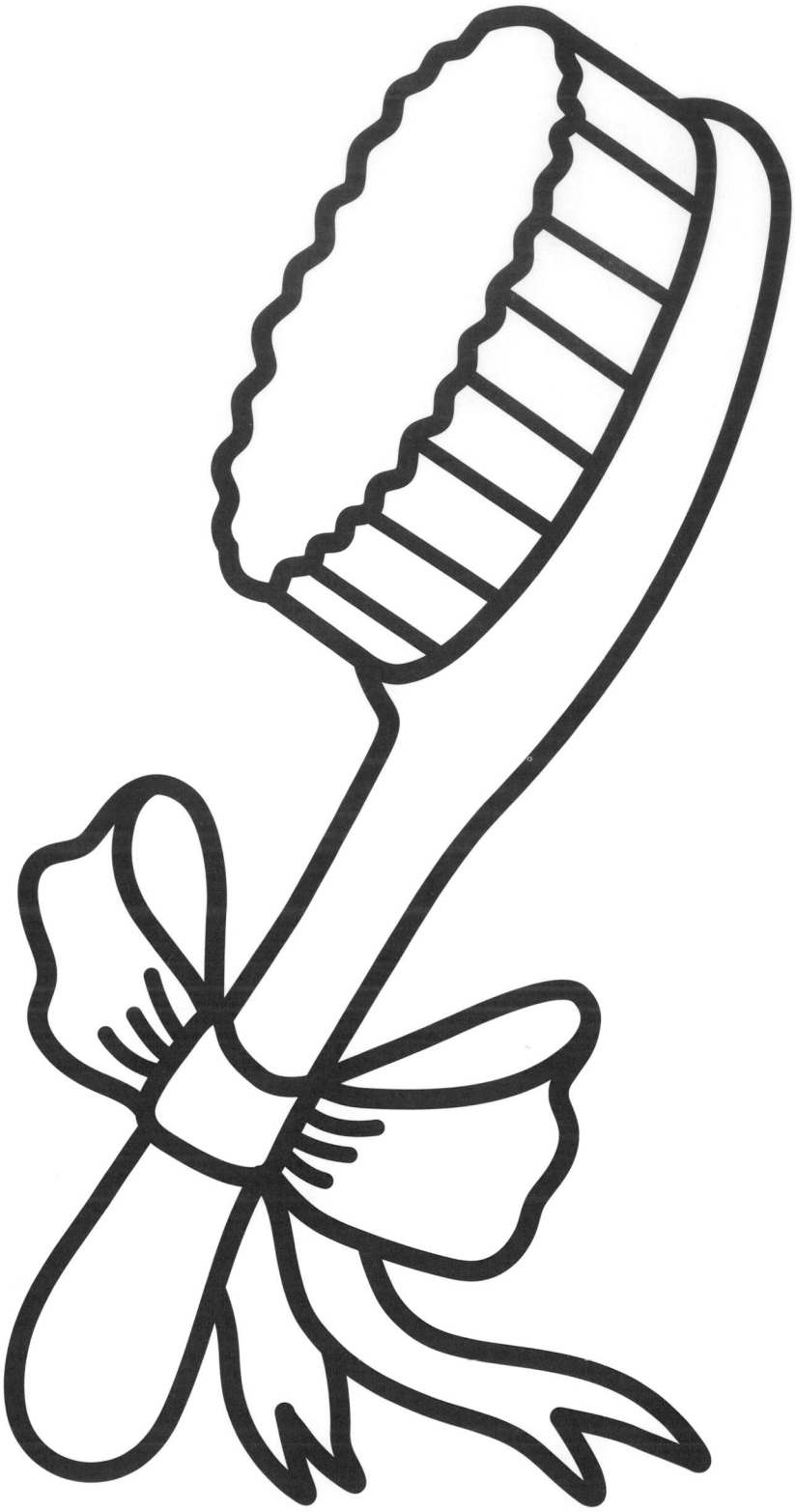

hairbrush

la brosse à cheveux

mushroom
le champignon

music
la musique

pirate
le Pirate
la Pirate

princess
la princesse

prince
le prince

rocking horse
le cheval à bascule

rose

la rose

seashells
les coquillages

heel
le talon

snow globe
la boule à neige

stars
les étoiles

strawberries
les fraises

stuffed animal
la peluche

sun

le soleil

sunflower
le tournesol

treasure chest
le coffre au trésor

trophy
le trophée

umbrella
le parapluie

watermelon
la pastèque

folding hand fan
l'éventail

rocking chair
le fauteuil à bascule

merry go round

le manège

sunglasses
les lunettes de soleil

apron
le tablier

leaf
la feuille

leaves
les feuilles

cat
le chat

dog
le chien

mask
le masque

rainbow

l'arc-en-ciel

letter
la lettre

hot-air balloon

la montgolfière

acorns
les glands